DU MARIAGE FRANÇAIS

DE

L'ISRAÉLITE ALGÉRIEN

LEÇON

PAR

UN MAGISTRAT ALGÉRIEN.

*Decernendi contrà statutum
expressum, sub ulla æquitatis
prætextu curiis... jus ne esto.
Hoc enim si fieret, omnia ex
arbitrio penderent.*
BAC. *De Dignit. et Aug. Scient.*

*Non sunt neganda clara
propter quædam obscura.*
REN. CARTES. *De Method.*

SÉTIF

IMPRIMERIE ET LIBRAIRIE DE Vᵉ VINCENT

1862

F

XVIII

DU MARIAGE FRANÇAIS

DE

L'ISRAÉLITE ALGÉRIEN

LEÇON

PAR

C. FRÉGIER

Président du Tribunal civil de 1re instance de Sétif

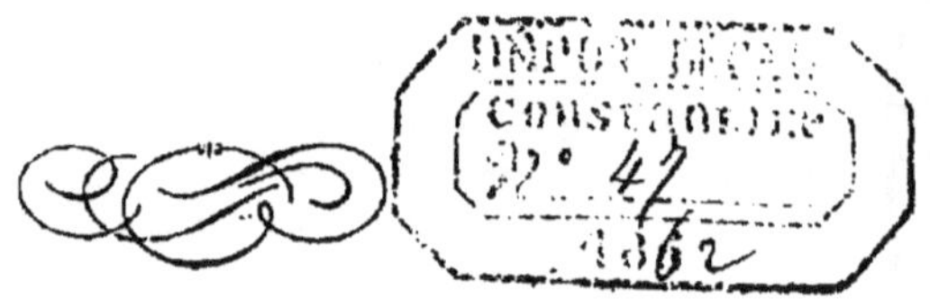

SÉTIF

IMPRIMERIE ET LIBRAIRIE DE Vᵉ VINCENT

1862

Cette étude est le fruit d'un pari.

Nous avons voulu prouver une seconde fois, par la discussion approfondie d'une question de droit toute spéciale à l'Algérie :

Premièrement, qu'il existe réellement un *droit algérien* ;

Secondement, qu'il importe de remédier d'urgence aux graves inconvénients résultant des incertitudes et des lacunes de la *législation algérienne*.

Certains esprits trop infatués de certaines idées retardataires ou surannées nous avaient hardiment défié d'administrer cette double preuve.

D'autres, moins prévenus contre des théories d'autant plus acceptables qu'elles sortent, en quelque sorte, de la nature des choses, et s'imposent à l'intelligence la moins crédule comme un fait matériel et brutal, d'autres, disons-nous, tout en admettant que cette preuve n'était pas absolument impossible, en avaient contesté l'utilité pratique.

Avons-nous gagné notre pari ?

A nos juges, c'est-à-dire à nos lecteurs, de prononcer !

Ce n'est pas sans motifs que nous avons donné à cet opuscule la forme d'une leçon.

Dans notre *Droit algérien*, nous avons humblement essayé d'introduire le public judiciaire jusqu'aux portes d'une *École de droit algérien*.

Dans notre *Législation algérienne*, nous nous sommes efforcé de lui montrer, mais à distance seulement, la nécessité de l'Enseignement de ce droit.

Dans ce travail, nous voulons, si j'ose le dire, le conduire au pied même de la Chaire chargée de cet enseignement, et lui en faire entendre la première leçon, — leçon tout à la fois théorique et pratique ; car un cours de Droit algérien est cela, ou n'est rien !

Il nous a semblé que le sujet s'accordait de tous points avec notre but.

Il est, en effet, un des plus délicats, des plus compliqués, des plus ardus, et, il faut bien l'avouer, des moins étudiés et des moins compris de tous ceux que nous offraient le Droit et la Législation de l'Algérie, — une de ces questions que nos grands Jurisconsultes du xvi° siècle eussent classée parmi leurs *selectæ questiones*, ou bien encore parmi les *apices juris*.

Tant de titres lui créaient celui d'une incontestable préférence. Aussi n'avons-nous pas hésité à le choisir entre mille autres. Dieu veuille que nos forces ne lui aient pas été trop inégales !

Mieux que personne peut-être, nous sentons tout ce qu'il y a d'imparfait et d'insuffisant dans cette Étude, et mieux que personne aussi, nous comprenons combien nous avons besoin de l'indulgence de nos *auditeurs*.

Alger, le 1ᵉʳ juin 1862.

C. FRÉGIER.

DU MARIAGE FRANÇAIS

DE

L'ISRAÉLITE ALGÉRIEN

LEÇON

Messieurs,

La question que nous nous proposons d'examiner et, nous l'espérons, de résoudre avec vous, est une question de Droit algérien, et ce n'est que le flambeau de la législation algérienne à la main qu'il nous sera permis d'en chercher et d'en trouver la solution.

Cette question, la voici dans sa plus simple et plus large formule :

La célébration en Algérie, devant l'officier de l'état civil français, d'un mariage entre Israélites algériens, entraîne-t-elle, oui ou non, de plein droit, quant aux époux, les conséquences civiles du mariage entre Français célébré devant l'officier de l'état civil français?

C'est demander, en d'autres termes, si un pareil mariage entraîne *ipso facto*, de la part de chacun des époux, renonciation à leur statut personnel.

Or, vous le savez, résolue jusqu'ici en sens divers par notre Cour impériale et par nos Tribunaux, cette question vient d'être décidée affirmativement par la Cour suprême.

Mais, hâtons-nous de le dire, cette décision, quel que soit

notre respect pour l'arrêt qui la consacre, nous ne croyons pas pouvoir l'adopter.

Nous ne le croyons pas ! Car nous pensons qu'elle est contraire aux vrais principes de la matière : contraire à l'esprit de la législation algérienne, contraire aux textes du droit algérien, contraire enfin à l'intention présumée des parties contractantes.

Nous pardonnerez-vous cet excès de franchise ? A nos yeux, décider notre question comme la Cour de cassation, c'est moins interpréter la loi que la faire, — c'est moins juger que légiférer.

Or, pour elle comme pour nous, il s'agissait de ce qui est, et non de ce qui pourrait ou devrait être ; il s'agissait de droit, et non de législation.

C'est ce qu'ont bien compris les juriconsultes algériens qui, dans des écrits au mérite desquels nous sommes heureux de rendre publiquement hommage, ont directement ou indirectement traité notre question.

Ces écrits, messieurs, vous les connaissez, et vous connaissez aussi les textes, les raisons et les autorités qui y sont invoqués, tant par les partisans de l'affirmative que par ses adversaires. Il nous suffira de vous les rappeler. Nous n'aimons pas les redites, et vous ne les aimez sans doute pas plus que nous.

Nous pouvons donc, sans plus de préambule, nous jeter dans le cœur même de notre sujet, *medias in res*. Nous nous contenterons de résumer rapidement ces autorités, ces raisons et ces textes, et d'aborder d'emblée les arguments nouveaux que nous révéleront, d'une part, l'étude analytique et approfondie de l'histoire du droit israélite en Algérie, et, d'autre part, l'interprétation patiente et consciencieuse des documents de la législation algérienne relatives à ce droit. Non que nous dédaignions les points d'appui que peuvent nous prêter soit le Droit français et la Législation française, soit le Droit romain, soit, enfin, le Droit étranger ou international, soit la théorie généralement admise du Statut personnel.

Mais nous dirons, et ceci est de la plus haute importance, que notre question envisagée sous son vrai point de vue, n'est ni une question de pur *statut*, ni une question de pur *droit international*, ni une question de pur *droit étranger*, ni une question de pur *droit français*,, ni même une question de pur *droit mosaïque*.

Elle n'est pas que cela, mais elle est un peu de tout cela.

Elle n'est pas une question de pur statut ; — car le statut proprement dit suppose deux ou plusieurs législations rivales, en présence l'une de l'autre, deux forces antagonistes, capables de lutter, au besoin, avec des armes égales.

Et pourtant, il y a du statut dans cette partie de la loi personnelle de l'Israélite algérien, que le législateur français s'est engagé à respecter le jour où il lui à dit avec la Capitulatio. et avec les ordonnances ou décrets algériens : « Tout ce qui touche à ta religion, à ta loi, à ta personne, dans les rapports avec tes correligionnaires, je le veux laisser et je le laisse debout ! Je pourrai bien, si je le veux, être l'organe de ton droit, mais je n'en serai pas le destructeur. »

Elle n'est pas une question de pur droit international, — car, depuis que le sceptre est tombé des mains de Juda, Israël a perdu son drapeau, les enfants de Jacob ont cessé d'être un peuple, pour n'être plus qu'une simple aggrégation d'individus, sans souveraineté et sans chef, et la Judée, tout comme le royaume d'Israël, a été rayée du nombre des nations.

Et pourtant, désireux, suivant son habitude, de ne porter aucune atteinte aux habitudes, aux coutumes, aux lois qui, avant la conquête, régissaient près de trente mille Juifs çà et là répandus sur divers points de la Régence, la France n'a pas laissé que de reconnaître leur autonomie religieuse, et, comme chez eux, de même que chez les Musulmans, le livre de la loi civile est aussi le livre de la religion ou de la loi religieuse, il n'est pas douteux qu'à l'égard de cette loi, les Israélites algériens composent une sorte de nation ou de peuple.

Elle n'est par non plus une question de pur droit étranger ; — car si l'Israélite, simple sujet de la France, non naturalisé, et, si je puis ainsi parler, non encore dénationalisé, n'est pas encore français, il n'est pas non plus étranger : il tient le milieu entre l'étranger et le Français, mais il n'est pleinement ni l'un ni l'autre.

Est-elle une question de pur droit français? Non! — car les difficultés qu'elle soulève naissent plutôt de l'interprétation de textes algériens que de textes français, de la loi coloniale que de la loi métropolitaine.

Est-elle tout au moins une question de droit mosaïque ? Pas davantage! car il est impossible de la trancher juridiquement sans consulter, pour les conférer ensemble, toutes les prescriptions du droit de Moïse, certaines dispositions du Code Napoléon et des ordonnances régissant l'Algérie.

Qu'est-elle donc?

Nous l'avons déjà dit : elle n'est pas cela, mais elle est un peu tout cela, et d'un mot nous pouvons la caractériser : Elle est une question de *droit algérien.*

Qu'est-ce à dire?

Cela signifie que d'une nature mixte et *composite*, elle participe de la loi de la métropole et des ordonnances de l'Algérie ; que la législation spéciale de l'Algérie et la législation commune de la France forment, à la vérité, ses deux principaux éléments, mais que ces éléments reflètent, à certains égards, la couleur, portent l'empreinte et du droit international, et de droit étranger, et des principes du statut personnel.

Or, réunis, combinés, confondus, amalgamés ensemble, ces éléments, ces empreintes forment, caractérisent un droit spécial, *sui generis*, que nous nommons le *Droit algérien.*

S'il en est ainsi, et le nier, ce serait nier l'évidence, il est manifeste que notre question, précisément parce qu'elle est une question le droit algérien, ne peut être logiquement résolue qu'à l'aide de principes et de textes tirés de la législation algérienne.

Il faudra donc étudier et analyser ces principes, décomposer ces textes.

Parlons d'abord des *principes;* le tour des textes viendra plus tard.

Principe de droit commun français : — la célébration de l'acte de mariage devant l'officier de l'état civil français ;

Principe de droit statutaire : — la personne de l'Israélite algérien, quant à son état civil, est gouvernée par la loi, par le statut mosaïque ;

Principe de droit international : — comme conséquence de son statut personnel, l'Israélite, sous plus d'un rapport, est resté à l'état d'Etranger en face du Français ;

Principe de droit étranger : — dans la sphère de leurs intérêts privés, les Israélites sont entre eux des Etrangers pour la France, et vis-à-vis des étrangers, ils sont ou du moins peuvent être régis par leur propre loi, qui est, en quelque manière, pour le Français, ce qu'est la loi de l'étranger lui-même ;

Principe de droit mosaïque : la loi religieuse règle l'état civil de l'Israélite algérien.

Eh ! bien, ces éléments multiples et divers, permettez-moi ces termes de chimie (le droit à sa chimie à lui), mêlez-les, fondez-les ensemble dans le même creuset, — qu'en sortira-t-il ? Une disposition singulière, une disposition à part, une disposition spéciale, une disposition de droit algérien.

Vous le voyez, nous avons beau tourner et retourner notre question dans tous les sens, c'est le droit algérien, le droit algérien qui en contient les principes, qui en renferme les éléments ; d'où la conséquence que c'est le droit algérien qui doit nous en donner la solution.

Ne craignez pas, Messieurs, que je fatigue plus longtemps votre attention de fastidieuses nomenclatures, ou de notions générales, peut-être plus fastidieuses encore. Vous savez maintenant le véritable état de la question, quels en sont les véritables termes, comment nous devons la résoudre, où nous pouvons trouver sa solution.

Je suis non moins impatient que vous de me prendre corps à corps avec elle Je dois pourtant vous demander encore grâce pour une réflexion préliminaire ; ce sera la dernière.

Il est des questions qui veulent être examinées sous un double aspect, l'aspect théorique et l'aspect pratique.

Et cela doit être.

La raison voit la vérité, la conçoit, et dirige l'intelligence : c'est la théorie.

L'expérience réalise, réduit en faits les perceptions de la raison et les combinaisons de l'intelligence : c'est la pratique.

L'une est le droit, l'autre est le fait — le droit qui éclaire, domine et régit le fait, — le fait qui détermine, limite et, pour ainsi parler, incarne le droit.

Sans la théorie, la pratique n'est qu'un métier; sans la pratique, la théorie n'est qu'une abstraction.

Royer-Collard disait : Les hommes qui s'enferment dans la pratique, sans remonter à la théorie, marchent sans savoir ni d'où ils viennent ni où ils vont.

Nous disons, nous, que ceux qui se parquent dans la théorie, sans descendre à la pratique, savent, à la vérité, où ils doivent aller, mais, à coup sûr, ne peuvent y arriver.

Donc, Messieurs, la véritable méthode et, par suite, la véritable doctrine juridique s'appuie et sur la théorie et sur la pratique. Et la raison en est bien simple : c'est que le Droit est une science d'application.

C'est de cette doctrine que Portalis l'Ancien affirmait qu'elle consiste non-seulement à saisir le vrai sens des lois, mais encore à les appliquer aux cas qu'elles n'ont pas réglés.

C'est elle qui nous guidera dans l'examen de notre problème.

Par elle, nous en saisirons le sens et la portée, tant théorique que pratique; par elle aussi, il nous sera donné, suivant l'énergique apophthegme de Dumoulin, d'en prendre pleinement possession. *Leges in scholis deglutiuntur : in palatiis digeruntur.*

C'est qu'au lieu de n'étudier qu'une question abstraite, nous étudierons une question vivante, une thèse de fait aussi bien qu'une thèse de droit. Nous ferons, dans la mesure de nos forces, ce que faisait le Préteur romain dans sa formule d'action, et le juge romain dans sa sentence. Joignant l'idée au fait, nous dirons le droit théorique et le droit pratique : nous enseignerons l'un, et nous appliquerons l'autre : *Jus dicam, jus dabo*.

Toutes les questions que soulèvent les sciences morales, et les questions de droit, plus que toutes les autres peut-être, sont dominées par un principe supérieur, par une sorte d'idée générale vers laquelle convergent, à laquelle se rattachent, dans laquelle se concentrent toutes les difficultés de théorie, tous les embarras de la pratique, tous les moyens de solution.

Bien saisis, bien compris, bien médités, ce principe, cette idée, ce *quid inconcussum*, que l'homme est forcé d'accepter sous peine de nier sa raison, c'est, je me sers à dessein d'une image trop poétique sans doute, mais qui n'en est pas moins exacte, c'est, pour l'intelligence qui cherche la vérité, ce qu'est pour l'aigle planant dans les hauteurs du ciel ce regard dont il mesure la terre et en contemple également les masses et les détails, les vallées et les monts.

Or, ce principe, en matière d'état civil, savez-vous ce qu'il est ? C'est qu'on ne peut renoncer à son statut personnel.

Ce principe, Messieurs, est le principal fondement de notre thèse, et j'en trouve la preuve dans les efforts de nos adversaires, sinon pour en nier la vérité, tout au moins pour en repousser l'application.

Ce n'est pas que, ce principe admis, ils en rejettent les conséquences. Plus forte que leur opposition, la logique les contraint de ne pas reculer devant elles. — Ils nous concèderont donc volontiers que les suites *juridiques* personnelles, les effets personnels d'une célébration de mariage, tiennent au statut personnel et en émanent. Mais ils ne manqueront pas de prétendre que si, en général, on ne peut renoncer à ce statut, et, par voie de déduction, à tout ce qui en dépend, il est permis d'y renoncer, soit expressément, soit tacitement, lorsque la renonciation porte, non pas sur la personne juridique considérée en elle-même, *in abstracto*, mais seulement sur un des droits purement positifs attachés à cette personne ainsi considérée. — Puis, sortant de la sphère du droit pour entrer dans celle du fait, ils ajouteront que l'Israélite qui se présente avec sa fiancée devant l'officier de l'état civil français, afin d'y contracter mariage, témoigne implicitement, par la force même des choses, de son intention de renoncer, lui et sa future, aux choses de statut personnel inhérentes à la célébration du mariage rabbinique.

Or, si cela était, Messieurs, si le statut personnel pouvait jamais être l'objet d'une renonciation quelconque, si le seul fait de la célébration du mariage de l'Israélite algérien devant l'officier de l'état civil français, ou, comme on dit vulgairement, à la *Mairie*, faisait présumer pareille renonciation, nul doute, il faut bien l'avouer, que la raison et le droit ne fussent dans le camp de nos adversaires.

Mais, par bonheur, il n'en est pas ainsi, et nous verrons bientôt que le statut personnel, dans sa notion la plus absolue, est, en thèse générale, aussi inaliénable, aussi imprescriptible que la personne qui en est en même temps le sujet et l'objet.

Pour le moment, et afin d'élaguer de la discussion tout ce qui peut en être écarté sans inconvénient, demandons-nous si, en supposant que la renonciation au statut personnel fût juridiquement possible, le fait de la célébration du mariage, telle qu'elle se pratique devant notre officier de l'état-civil, serait de nature à emporter, directement ou indirectement, une semblable renonciation.

Je ne m'inquiète pas de savoir si ou non elle doit être explicite et formelle. — Est-elle ou n'est-elle pas indubitable, certaine ? Voilà tout.

Certes, Messieurs, ne s'agit-il que d'une renonciation ordinaire, de la renonciation à une *chose*, à une chose dans le commerce, j'aurais rigoureusement le droit d'exiger qu'elle le fût : car c'est une vérité incontestable, un dogme juridique que les renonciations ne se présument pas.

Mais, vous l'avez compris, il s'agit d'une renonciation bien autrement importante. — Renoncer au statut personnel, c'est, pour ainsi dire, renoncer à sa *personne*, renoncer à sa vie civile, c'est, en un certain sens, se suicider !

Ce ne sera donc pas trop demander de cette renonciation, que j'appellerais volontiers *personnelle*, que de vouloir qu'elle soit tout au moins soumise aux mêmes conditions que les renonciations purement *réelles*.

Or, Messieurs, toute renonciation qui n'est pas *certaine*, ou, en d'autres termes, toute renonciation qui n'est que *présumée*, ou sur l'existence de laquelle peut s'élever un doute, entendons-bien ceci, un doute si léger, si faible soit-il, sera non avenue aux yeux de la loi, sera pour la justice comme si elle n'était pas.

Pourquoi cela? Parce que, disait la loi romaine, copiée sur ce point par la loi française, parce que nul n'est censé renoncer à son droit, et que toute renonciation à un droit acquis et fondé comme le statut personnel de l'Israélite sur un texte formel de loi, ne peut résulter de simples inductions.

Cela posé, voyons si, d'une façon quelconque, l'Israélite qui se marie, *more gallico*, en Algérie, abdique le statut personnel de la loi mosaïque dans ses rapports avec les conséquences civiles et personnelles du mariage.

L'abdique-t-il explicitement? Non ! car il ne dit, il n'écrit, il ne fait rien, absolument rien, qui prouve cette abdication.

— Mais, dit-on, rien ne force cet Israélite à se marier ailleurs que devant son rabbin. — Si donc il se marie devant le magistrat français, c'est qu'il veut, c'est qu'il entend, c'est qu'il déclare implicitement se marier autrement que devant le rabbin ; — c'est qu'au lieu de se marier à la *juive*, il se marie à la *française*.

Oui, cela est vrai, notre Israélite se marie autrement que devant le rabbin, — oui! il se marie à la française! — Mais que conclure de là? Que son mariage ainsi célébré sera soumis à d'autres conséquences que le mariage rabbinique? Raisonner de la sorte, c'est sacrifier le fond à la forme, la réalité aux apparences. Eh! depuis quand un changement de mode de célébration ou de constatation du mariage, — ce contrat de droit naturel ou des gens, qui n'a besoin pour exister que du consentement de l'homme et de la femme formellement déclaré et régulièrement justifié, — depuis quand entraîne-t-il, même virtuellement, le changement de l'état des personnes, un changement de statut personnel?— Quoi! parce qu'étranger, je me marie avec une étrangère en France, suivant les formes du mariage français, je perdrai mon statut personnel, ou bien encore, je deviendrai Français !

Mais n'anticipons pas.

Qu'objecte-t-on encore pour prouver la renonciation implicite au statut personnel? Qu'elle résulte de la lecture, faite aux futurs époux par l'officier de l'état civil, du chapitre du Code Napoléon, sur les droits et devoirs respectifs des époux.

Eh bien! un mot suffit pour détruire cette objection. — Quel est le grand intérêt, l'intérêt pratique de notre question? — C'est de permettre ou de défendre à l'Israélite marié *more gallico*, de jouir des droits ou de remplir les devoirs dérivant pour chacun des époux du droit mosaïque; c'est de savoir, entre autres choses, si l'un des époux pourra, conformément à ce droit et contrairement au droit français, divorcer d'avec l'autre époux.

Or, remarquons-le bien, le chapitre précité du Code Napoléon est contemporain du chapitre sur le divorce, et, bien que le divorce soit aujourd'hui aboli, la lecture du premier de ces chapitres n'en reste pas moins prescrite, n'en est pas moins pratiquée! — Preuve certaine qu'à supposer que la lecture des Droits et Devoirs des époux français entraînât acceptation par des époux israélites de ces droits et de ces devoirs, ces mêmes époux ne renonceraient pas pour cela aux droits et de-

voirs résultant de leur loi personnelle, en tant du moins
que ces droits et devoirs n'ont rien d'incompatible avec ceux
de la loi française, tels qu'ils résultent de cette lecture.

Mais à quoi bon parler de volonté présumée, de changement volontaire d'état, de *capitis deminutio* aux yeux de la
loi mosaïque, de *capitis auctio* aux yeux de la loi française ? Qui, mieux que les Juifs algériens, peut apprécier l'intention des Juifs d'Algérie qui se marient devant l'officier
public français ?

Interrogeons-les ! — Que veulent-ils faire ? Que font-ils,
quand ils se présentent devant lui ?

Ce qu'ils veulent faire ? Ce qu'ils font ? Ne vous répondent
ils pas des quatre coins de l'Algérie, d'une voix partout
unanime, depuis le plus bas échelon jusqu'au sommet de leur
société :

« Pour nous, nul mariage valable, nul mariage obliga-
toire, hormis le mariage conforme aux rites de notre loi. Si
nous allons à la mairie, si nous nous marions à la française,
c'est qu'on nous y engage, c'est qu'on nous y invite, et que
d'ailleurs nous avons pour règle de ne jamais désobéir à la
loi du pays, à la loi française, en tout ce qui ne touche pas
aux préceptes de notre loi religieuse. — Ce qui le prouve,
c'est qu'une fois sortis de la mairie, nous accourons devant
notre rabbin. — A lui, à lui seul de nous marier comme nous
l'entendons, selon la loi de Moïse. Nous pécherions contre
elle, si jusque-là nous nous croyions légalement mariés! »

Il y a plus! Bien que l'opinion israélite sur le mariage
franco-israélite pût rigoureusement nous suffire, nous avons
consulté les plus notables personnes de la *nation juive* à Alger,
et voici ce qu'elles nous ont dit, avec une amertume de
langage qui, malgré nous, nous a rappelé le *super flumina
Babylonis !*

« Hélas! c'en est donc fait de la capitulation de 1830! c'en
est donc fait de notre loi !— La Cour de cassation l'ignore(1);

----

(1) Allusion à l'arrêt dont il sera parlé plus bas.

c'est pourquoi elle s'est trompée. — Comment la célébration de notre mariage à la française suprimerait-elle les règles et les conséquences de notre mariage à nous, puisque notre loi, non seulement déroge, en certains points, aux droits et devoirs des époux français, mais encore nous oblige souvent, sous peine de péché, d exercer, à titre de devoirs, certains droits contraires à la loi française actuelle, — tels que la répudiation, le divorce, l'impuissance naturelle, etc. ?

Aussi, nous soucions-nous fort peu de l'inscription de notre mariage sur vos registres, convaincus que cette inscription n'engendre pas plus renonciation de notre part aux conséquences du mariage rabbinique, que celle de la naissance de nos enfants, l'abdication ou l'abandon de leur qualité d'Israélite. »

Répétons-le donc bien haut ! l'Israélite, par le seul fait de son mariage devant l'autorité française, ne renonce ni explicitement ni implicitement à son statut personnel.

Ah ! sans doute, si, à l'endroit de cette renonciation, il était catégoriquement interpellé, comme à l'endroit de la rédaction préalable d'un contrat de mariage, je concevrais que l'on nous dît : — « *Habemus confitentem* ! vous l'entendez ! il a déclaré formellement et dans la plénitude de sa liberté, qu'il renonçait à son statut ! Que vous faut-il de plus ? » Dans ce cas, qui n'est qu'une hypothèse, et dont, pour notre part, nous souhaitons la plus prochaine réalisation, nous n'aurions plus qu'à nous demander si cette renonciation, incontestable en fait, est, peut être valable en droit, abstraction faite de tout texte qui en proclamerait solennellement la validité !

Or, nous lisons au frontispice de notre Code civil : « On ne peut déroger, par des conventions particulières, aux lois qui intéressent l'ordre public ». Et la législaton algérienne place sous l'égide de la Religion qui est, au premier chef, d'ordre public, tout ce qui, entre Indigènes et, conséquemment, entre Israélites, se rapporte à leur état civil et par suite au mariage, au divorce, etc., etc.

C'est aussi ce que nous apprend, en cent textes divers, le recueil des lois romaines.

A cet égard, unanimité dans les textes : unanimité dans la doctrine : unanimité dans la jurisprudence.

Et il y a cela de remarquable dans notre Code civil, que toutes les fois que l'occasion s'est présentée d'expliquer ou de confirmer par des textes dont, après tout, il pouvait se dispenser, la disposition de son article 6, en tant que relative aux questions de statut personnel, il s'est empressé de le faire (1).

Quant aux auteurs, nul n'a plus nettement posé et expliqué ce principe que Voët, l'un des meilleurs et, à coup sûr, des plus pratiques interprètes du droit romain et du droit statutaire.

Ecoutons-le : « Il n'est pas permis aux particuliers de renoncer par des pactes ou des conventions, aux dispositions de statuts qui ont trait à l'utilité ou à l'honnêteté publiques » — et c'est ce qu'exprime la règle de droit : *Jus publicum privatorum pactis immutari nequit.*

Il y a mieux : que le statut personnel appartienne tout à la fois à l'ordre public et au droit public intérieur, c'est ce qui n'est nullement douteux : tel est l'enseignement de tous les auteurs, tel est, en particulier, celui de Merlin (2). C'est que, encore un coup, le statut personnel, c'est la *personne*, et abdiquer ce statut, en tout ou en partie, c'est la tuer, c'est la mutiler !

J'ai prononcé le mot de *personne* ; je veux parler de la personne *juridique.* — Ainsi entendue, la personne est un

_____

(1) Voir, entre autres, les art. 1388 et 1389.— Voir aussi l'art. 1003 du Code de Procédure civile.

(2) L'ordre public, dit Merlin, est intéressé à ce que tous les individus dont se compose le corps social y soient classés, non-seulement chacun à leur rang politique, mais encore chacun à son rang *civil* ; à ce que les étrangers n'y usurpent pas les droits des régnicoles... à ce que nul ne puisse changer, d'un jour à l'autre, ses rapports avec ceux avec qui il a des intérêts à démêler. — *Répert.* v°. *Dérogation.*

3.

être moral, une création de la loi, une sorte de conception abstraite, qui a pour base un ensemble de droits, de capacités, de qualités, d'attributs, — créés, reconnus, réglés par la loi.

La personne n'est pas simplement l'individualité.

Tout être humain a une triple individualité : — une individualité *matérielle*, — il revêt un corps qui détermine sa personalité physique, — une individualité *civile* ; — membre de la société humaine, il remplit des devoirs, il exerce des droits afférents à la place qu'il y occupe.

Mais, au-dessus de son *moi matériel* et *civil*, physique et moral, il y a encore le *moi religieux*.

La religion *personalise* plus ou moins l'homme, suivant qu'elle le pénètre plus ou moins profondément. « La religion, a dit Mme de Staël, est tout ou rien. » Et, l'homme oriental, et l'Israélite en est un, est, avant tout, l'homme religieux — Chez lui, la religion absorbe l'individu, absorbe le citoyen.

Or, l'individualité civile et religieuse, c'est le statut personnel.

Point de milieu : — elle est, ou elle n'est pas.

Elle est indivisible, elle est inviolable, elle est sacrée, — je dirais presque, au regard de l'Israélite, elle est divine, car c'est Dieu même qui l'a créée, et s'attaquer à elle, c'est, en quelque sorte, s'attaquer à Dieu.

Et c'est à cette personalité, à cette existence civile et religieuse, et plus religieuse encore que civile, à ce statut personnel, qu'il serait facultatif de renoncer explicitement, que dis-je? implicitement!!

Cela, Messieurs, n'est ni rationnel, ni juridique.

Donc, à ce statut aucune dérogation n'est ni directement ni indirectement possible ; il est au-dessus des atteintes de l'homme. Nous pourrions dire de lui ce que Cicéron dit dans sa *République* de la loi naturelle : *Neque derogari ex hoc aliquid licet* (1). — La loi seule pourrait y toucher.

______

(1) Cicer. De Repub.

Dès-lors, peu importe que le fait de votre renonciation
à ce statut soit simplement présumé ou certain. Légalement
parlant, ce fait n'existe pas. Ici le droit renie le fait. —
Vous dites : J'ai renoncé. Et la loi vous répond : Non, vous
n'avez pas renoncé, — vous ne le pouviez pas!

Et qu'on ne prétende pas que, bon pour le statut personnel
du chrétien, de l'européen, ce principe ne saurait l'être pour
le juif, pour l'indigène algérien. Assurément, et ce n'est pas
nous qui le nierons, assurément, il peut y avoir, et il y a,
en effet, dans le statut personnel d'un Israélite, d'un Musulman algérien, des tolérances, des préceptes, des interdic-
tions contraires à nos idées, à nos institutions, à nos lois, je
vais plus loin, à notre ordre public.

Mais peut-on ignorer que ce sont là autant de dérogations
nécessaires, mais, croyons-nous, transitoires, passagères, que
la force des choses, *vis divina*, nous imposait au début de la
Conquête, et, sous plus d'un rapport, nous impose encore
aujourd'hui?

La France a beau être généreuse envers les peuples qu'elle
conquiert par ses armes et qu'elle veut s'assimiler par sa civilisation. La raison publique met forcément des bornes à sa
générosité. Tout peuple conquis devient un peuple *sujet*,
mais n'est pas pour cela un peuple *civilisé*, tout à la fois
digne et capable d'être incorporé et identifié au peuple conquérant. Le titre de français présuppose un apprentis-
sage de la vie civile et politique ; il est en même temps un
honneur et une récompense. — Que le peuple conquis ne
soit pas prêt à recevoir immédiatement, dans sa plénitude,
la civilisation du peuple conquérant, ce n'est qu'avec le temps
et grâce à des progrès lents et successifs, qu'il pourra devenir le *semblable* d'abord, puis l'*égal* de ce dernier.

Ceci nous explique pourquoi la capitulation de 1830 main-
tint la religion, et avec la religion, la législation des habitants de toutes les classes, et conséquemment, ainsi que l'ont
surabondamment démontré les documents postérieurs de la
législation algérienne, la religion mosaïque. Si, plus tard,

toute juridiction a été insensiblement enlevée aux rabbins, le statut personnel du droit israélite n'en a pas moins été conservé, et, quoiqu'en disent certains tribunaux, deux choses sont certaines à l'endroit de ce statut ; c'est que la capitulation de 1830 l'a proclamé, et qu'il a été consacré par l'ordonnance de 1842.

— Soit ! nous dira-t-on. Mais ne voyez-vous pas se dresser devant vous une objection d'autant plus redoutable, que c'est la Cour de cassation elle-même qui l'a nettement formulée dans son arrêt solennel du 16 avril dernier ?

Selon elle, il n'est pas défendu à l'Israélite algérien de renoncer, même implicitement, à une loi spéciale qui n'est faite que pour lui, et de réclamer le bénéfice de la loi générale du pays. — Il a la faculté d'opter entre ces deux lois, et le principe de cette option est dans l'art. 37 de l'ordonnance du 26 avril 1842 — La comparution des futurs époux devant l'officier de l'état civil français, et leurs réquisitions à cet officier de les unir en mariage, en sont la réalisation, — et ni cette comparution, ni ces réquisitions ne blessent aucun principe d'ordre public.

— Il est permis à l'Israélite algérien de renoncer à sa loi spéciale, et cela résulte de l'article 37 dont je viens de parler !

Lisons ensemble cet article ! En voici la première disposition : « La loi française régit les conventions et contestations entre Français et étrangers. » Assurément, là n'est pas notre prétendue faculté d'option.

Poursuivons : « Les Indigènes sont présumés avoir *contracté* entre eux, selon la loi du pays, à moins qu'il y ait convention contraire. »

J'avoue qu'il y a là une faculté d'option, mais dans quel cas ? Dans le cas de *contrats*. Qu'est-ce à dire ? De quels contrats ? De contrats autres que les contrats ordinaires réels, ce que le Code civil appelle contrats ou obligations conventionnelles, et qui n'ont rien ou presque rien de commun avec ce contrat, ou plutôt cet acte extraordinaire, *personnel,* qui a nom mariage ? Assurément non ! car ces contrats ou ces actes, s'ils font naître quelques contestations, ce n'est pas, au gré des parties, la loi du pays, musulmane ou israélite, ou la loi française, mais bien la *seule* loi du pays, la loi *religieuse*, qui régira ces actes ou jugera ces contestations, et c'est notre article 37 qui le déclare lui-même : « Les contestations entre indigènes relatives à l'état civil, ou, ce qui est la même chose, au statut personnel, qu'il s'agisse de mariage ou de divorce, seront jugées conformément à la *loi religieuse* des parties. »

Certes, on en conviendra, rien en cela qui ressemble à une dérogation au statut personnel musulman ou israélite ; tout, au contraire, y consacre ce même statut.

Continuons : « Dans les contestations (ordinaires) entre Français ou étrangers et indigènes (tant Israélites que Musulmans), la loi française *ou* celle du pays est appliquée, suivant la nature de l'objet en litige, la teneur de la convention, et, à défaut de convention, selon les circonstances ou l'intention présumée des parties. » Dans cette hypothèse, pas d'option proprement dite pour les parties, — une alternative laissée aux tribunaux ; rien de plus, rien de moins, mais, ne l'oublions pas, alors qu'il s'agit seulement de contestations ou actes ordinaires... *entre Indigènes ?* Non, certes ! mais entre Indigènes et Français ou Étrangers !

Et puis, remarquez deux choses dans cet art. 37 :

S'il n'est question que de contrats ou contestations sans rapport avec l'*état civil*, la législation établit une présomption *juris*, qui ne le cède qu'à la preuve contraire : — c'est que les indigènes seront régis par la loi du pays. — Si, au contraire, il s'agit d'état civil, pas de *présomption ! certitude* que les parties ont contracté sous l'empire de leur *loi religieuse*, et que cette loi religieuse doit seule les juger. Et c'est ce qui résulte encore, au besoin, pour les musulmans, de la combinaison des art. 1 et 17 du décret du 31 décembre 1859, qui réservent aux tribunaux musulmans et à la seule Cour d'appel, les litiges concernant les *questions d'État.*

Or, nulle part, la disposition de l'art. 37 n'a été abrogée, et, comme cette disposition regarde les Indigènes en général, il faut dire que, de même que les Musulmans, les Israélites ont un statut personnel, ou bien, ce qui est insoutenable, que les Musulmans n'ont pas plus de statut personnel que les Israélites !

Je le répète donc, — et de ce fait légal, l'art. 45 de la même ordonnance, qui exige, dans toutes contestations sur l'état civil, entre Israélites, un avis préalable de deux rabbins, me fournit une nouvelle preuve : l'Israélite algérien a un statut personnel, et ce statut personnel, c'est sa loi spéciale, c'est la loi de Moïse.

Bien évidemment, d'après la loi française, il ne pourrait, sauf le cas de naturalisation, renoncer à ce statut. En est-il autrement d'après la loi mosaïque ? Non, certes ! et, hors ce cas, ou celui encore où le Sanhédrin l'affranchirait de toute prescription de sa loi, contraire à la loi française, — nous dirions volontiers que, moins encore que le Français, il ne saurait, lui, membre du peuple élu, du peuple de Dieu, renoncer à son état juridique, à son statut personnel.

Pourquoi donc la Cour régulatrice fonde-t-elle la légitimité de la renonciation à ce statut, sur la loi spéciale de l'Israélite ? — *Quid hoc ad edictum prœtoris ?* — Spéciale, tant que vous voudrez ! mais cette loi en est-elle moins générale — et commune à toutes les corporations israélites ?

— Mais, ajoute-t-elle, — l'Israélite peut réclamer le bénéfice de la loi générale du pays. Oui, et c'est ce qui a lieu ; ce bénéfice, il peut le réclamer pour tout ce qui n'est pas de statut personnel, s'il n'est pas naturalisé français. Mais, prenez garde ! Si le mariage n'est ni un mode de naturalisation, ni un moyen reconnu, *légalisé*, de substituer le statut personnel français au statut personnel israélite, comment le simple fait de la célébration du mariage à la française porterait-il atteinte à ce statut ? — Le mariage n'est qu'un incident de la vie civile. Comment un tel incident aurait-il la vertu d'en altérer la nature ?

— Eh ! pourquoi pas ? dit encore la Cour suprême. Est-ce que les futurs époux, en comparaissant devant le magistrat qu'ils requièrent de les marier, blessent, en quoi que ce soit, un principe d'ordre public ?

— Pas d'équivoque ! Sans doute, le mariage à la française n'est point interdit à l'Israélite algérien. — Dans ce cas, l'*acte* de mariage sera régi par les formes françaises ; — mais, là n'est pas notre question. — Cette question, la voici : l'*acte* de mariage, étant soumis aux formes du Code Napoléon, la *personne* des mariés continuera-t-elle, oui ou non, a être régie par la loi de Moïse ? Or, à cet égard, quelle différence y a-t-il entre les étrangers qui se marient en France, et les Israélites qui se marient en Algérie ?

— Quelle différence ? nous répondra-t-on. — C'est qu'en France, les Étrangers ne peuvent pas se marier devant un officier de l'état civil étranger, tandis qu'en Algérie, les Israélites peuvent se marier à leur choix, devant leur rabbin ou devant le magistrat français.

Je ne conteste pas cette différence ; mais je n'admets pas les conséquences qu'on en tire. Sans doute, l'Israélite n'est pas forcé de se marier à la française, et s'il se marie de cette façon, c'est qu'il le veut bien.— Mais, savez-vous pourquoi il le veut ?— Parce qu'on l'y a invité, parce que diverses circulaires l'y engagent, parce que c'est pour lui affaire de convenance, de bon goût, j'allais dire de *fantasia*, parce qu'enfin, se marier ainsi, c'est prouver qu'on est un peu plus avancé dans les voies de la civilisation française que ceux qui se marient autrement.

Mais, franchement se doute-t-il le moins du monde que le mariage français le *francise*, en quelque sorte, ou l'assimile pleinement à ses coréligionnaires de France ? — Ce serait bien peu connaître les habitudes, les mœurs, les préjugés des Israélites algériens, et leur attachement à la loi de leurs pères, que de le supposer :— témoin, entre mille autres, cet Israélite d'Alger qui, plutôt que de continuer de vivre avec une femme stérile que, d'après la loi de Moïse, il pouvait et devait répudier, et que le tribunal d'Alger condamna à garder malgré lui, préféra quitter l'Algérie pour le Maroc, — pays, disait-il, où, du moins, la loi civile ne violente pas la loi religieuse.

Dira-t-on, en outre, avec la Cour de cassation, que les Israélites algériens sont sujets français ? — Je l'admets. — Mais ne peut-on pas être sujet français, sans être français ou citoyen français ?

Consultez, Messieurs, l'histoire romaine, et, si vous préférez ne pas remonter si haut, consultez l'histoire du moyen-âge, ou même l'histoire, pour ainsi dire, contemporaine. —

Croyez-vous que les Romains, nos maîtres dans l'art de conquérir et de civiliser, ouvrissent *hic et nunc* à deux battants la porte de la Cité romaine, aux peuples subjugués par leur épée ? Non, certes ! N'était pas citoyen qui voulait, et, chez eux comme chez nous, le bénéfice de la cité n'était accordé qu'aux sujets qui avaient mérité d'être assimilés à leurs vainqueurs.

Et, ce que nous montre l'Antiquité, ne le trouvons-nous pas également dans le Moyen-Age, sous le Saint-Empire romain, et sous le premier empire français, chez certains peuples, tels que les Illyriens, etc.? — A ces diverses époques de l'histoire de la civilisation, tant païenne que chrétienne, ne voyons-nous pas se réaliser un fait à peu près le même chez toutes les nations et dans tous les temps : — la civilisation des vainqueurs s'implantant progressivement au sein peuple vaincu : ici par la force, là par la persuasion, ailleurs par l'influence des mœurs, l'ascendant des lois, le mélange des races et la fusion des intérêts !

Ce que la France a fait en Algérie, soit par la capitulation, soit par cette foule d'actes législatifs, qui en sont le développement et le commentaire, elle pouvait le faire. Bien plus, la nature des choses, l'intérêt politique, la nécessité pour elle de compter avec la religion, les mœurs, la demi-civilisation de près de trois millions de Musulmans, et de trente milles Israélites, tout lui en imposait le devoir, et certes, en agissant ainsi, elle prenait la seule voie qui devait la conduire, un peu plus tôt, un peu plus tard, mais sûrement, mais infailliblement, à la conquête morale de l'ancienne Régence.

Dois-je maintenant vous faire part d'une difficulté qu'on a timidement essayé de soulever? Pour échapper aux principes du droit civil en notre matière, on a porté la question dans la sphère du droit des gens, et on a dit : Le mariage est du droit des gens; rien n'empêche donc de se marier comme on l'entend; le droit civil n'a rien à y voir.

—Eh! mon Dieu! oui, le mariage abstractivement considéré, en tant que *maris atque fœminæ conjunctio*, est de droit des gens ou, comme dit Portalis, une institution de la nature. Mais, si dans ses effets ou conséquences il est modifié, réglé par le droit civil, alors, c'est plutôt le droit civil que le droit naturel qui le régit, et, au lieu de se contracter par le seul *consensus*, son élément nécessaire et primordial, il sera assujetti à des formalités et soumis à des conditions exigées par le climat, la religion, les mœurs, et cet ensemble de choses « qui gouvernent les hommes» (1).

Ainsi donc, laissons là une difficulté qui n'en est pas une, et de ce que le mariage est en soi du droit des gens, ne concluons qu'une chose : c'est que sa forme ou sa célébration n'emporte nullement abdication, de la part de ceux qui le contractent, ni de leurs droits de nationalité, ni de leurs autres droits, civils et religieux, réservés par des lois spéciales ou par des traités spéciaux.

Mais, puisque nous parlons des conséquences légales du mariage Israélite, disons un mot de celles qui se déduisent naturellement de la doctrine que nous combattons.

D'après elle, le mariage Israélite célébré *more gallico* entraîne la ruine du statut personnel des époux. Fort bien!

(1) Montesquieu.

mais alors que reste-t-il de cet état juridique exceptionnel que la législation algérienne a faite à l'Israélite algérien?

Judiciairement, il est Français, en ce sens que pour toutes ses contestations soit entre Israélites, soit avec des Européens, il est soumis à la juridiction française.

Légalement, il le sera aussi, par l'effet de sa renonciation, à sa loi particulière. Mais si, dans ce cas, il est judiciairement et légalement Français, autant vaut dire qu'il est entièrement Français, et alors ne voit-on pas qu'on crée arbitrairement un nouveau mode de naturalisation, et que du même coup on renverse les notions les plus élémentaires de notre droit privé, et les règles les plus constantes de notre droit public?

Et ceci, Messieurs, n'est pas une de ces exagérations factices que commande quelquefois le besoin d'une thèse insolite. Un Français, qu'est-ce donc? C'est un homme régi par toutes les lois civiles de la France. Et c'est précisément ce que sera notre Israélite en vertu de son mariage, ou, en d'autres termes, par suite d'un acte de la vie civile qui jusqu'à présent l'avait distingué du national ou naturel Français.

Il faut même aller plus loin. Une doctrine, enseignée et partagée par plus d'un jurisconsulte, fait citoyen français, tout Français arrivé à sa majorité! Voilà donc notre Israélite, ordinairement majeur quand il se marie, devenu citoyen Français par le seul fait de son mariage!

Si vous ajoutez à cela que, suivant une opinion que nous aurons plus tard occasion de réfuter, (1) l'Israélite algérien n'a ni statut personnel, ni statut réel, autre que celui du Français, — je vous le demande, en quoi l'Israélite différera-t-il du Français et du citoyen français?

Non, tel ne peut être l'effet magique d'une simple comparution de fiancés israélites devant l'écharpe d'un officier municipal français!!

Nos adversaires répudieront ces conséquences, soit! mais alors que ne répudient-ils leur principe!

(1) Dans une Étude sur le *Statut réel de l'Israélite en Algérie.*

On insiste : — « L'union en mariage », de vos Israélites, est prononcée au nom de la loi française ; donc cette union est française, et ce n'est que conformément à cette loi qu'elle peut être dissoute.

Objection déjà présentée sous une autre forme et déjà repoussée ! — Si elle était aussi solide que spécieuse, l'étranger marié en France serait régi par le statut personnel du Français. L'art. 3 du Code Napoléon ne serait qu'une lettre morte, les lois du statut personnel qu'un vain mot, les nationalités qu'un mythe. — Il n'y aurait plus qu'à proclamer la promiscuité des peuples, le syncrétisme des nationalités!

Eh ! qu'importe que l'officier de l'état civil français prononce l'union de nos fiancés au nom de la loi française? Pour que cette union soit française, il faut que la loi française soit, non-seulement en la forme, mais encore au fond, applicable aux parties contractantes. — Si elle ne l'est pas, si, par exemple, en vertu de leur loi personnelle, les futurs époux ne peuvent pas s'unir en mariage, la parole de ce magistrat ne sera qu'une parole, et rien de plus.

C'est que, Messieurs, moins encore que tout autre contrat, le mariage n'est pas une affaire de forme ; il est un contrat solennel, et il n'est permis à personne, pas plus à l'Israélite qu'à tout autre, de s'en jouer en invoquant une loi qui ne serait pas celle sous l'empire de laquelle les parties l'avaient contracté.

Mais, ne le perdons pas de vue, cet ensemble de faits et de considérations qui se sont traduits en textes de lois particulières aux Indigènes de l'Algérie, devenus sujets de la France, et dont le résultat nécessaire a été de les mêler et de les assimiler aux Français, sans les incorporer et les identifier d'un seul coup avec eux, c'est pour le Musulman, tout comme pour l'Israélite au regard de la France, ce qu'est au regard de l'Angleterre, le statut municipal du Maltais, — la loi spéciale et actuelle du vaincu ou du sujet, en face de la législation du vainqueur ou du souverain.

Sans doute, et c'est ce que je vous ai déjà donné à entendre, sans doute ce statut que, bon gré malgré, il faut bien appeler *personnel*, ne sera pas un statut personnel dans le sens complet et ordinaire de ce mot. De l'Indigène algérien au Français, il n'est ni aussi fortement caractérisé, ni aussi nettement dessiné que de l'étranger proprement dit au national ou régnicole. Entre ces derniers, la différence des frontières matérielles, établira, sous ce rapport, une ligne de démarcation plus tranchée et par conséquent plus sensible. Mais, après tout, cela importe peu. Qu'il s'agisse de *penitus extranei*, comme disent nos vieux auteurs, ou de *quasi extranei*, par cela seul que, dans des cas spécifiés et déterminés par la loi il ne sera pas possible de confondre au point de vue du droit civil, le national, le Français, avec l'étranger qui ne l'est *nullement*, ou l'Israélite et le musulman qui ne le sont pas *pleinement* encore, la ligne toute juridique qui sépare le droit de l'un du droit des autres, ne suffira pas moins pour les distinguer entre eux. Or, cette ligne, je ne saurais trop le redire, c'est le statut personnel, s'il s'agit d'exceptions à la loi générale concernant les *personnes* et le statut réel, s'il s'agit d'exceptions relatives aux *biens*.

C'est là, Messieurs, ce que dit le sens commun et ce qu'enseigne la raison par la bouche de Pothier, dans son *Traité* des personnes, et par celle de Merlin, quand ce prince des jurisconsultes modernes nous parle quelque part de Français *commencés* et de Français *achevés*.

Or, je vous le demande, Messieurs, si cela est, et nous croyons l'avoir surabondamment prouvé, comment oserait-on prétendre que par cet unique motif qu'il est sujet français, l'Israélite algérien ne peut exciper comme l'étranger d'un statut personnel qui *suivrait* ce dernier sur la terre française, et auquel, on le confesse, il ne pourrait se soustraire ?

Ne jouons pas sur les mots ! Évidemment, et qui en doute ? l'Israélite algérien n'étant pas étranger, dans le sens propre de cette expression, *penitus extraneus*, son statut personnel ne le suivra pas, ne pourra pas le suivre sur la terre française proprement dite. Mais sur cette terre d'Algérie, déjà française, entièrement française pour d'autres que pour lui, ce statut à la fois *status civitatis* et *status familiæ*, s'attachera, adhérera, *sicut lepra cuti*, à son individualité civile et religieuse. Voilà la vérité, la vérité telle qu'elle découle à pleins bords et de l'histoire du droit algérien, et de la jurisprudence générale de l'Algérie. Le niez-vous? Alors, sans plus de façon, niez aussi les splendeurs de l'évidence, et supprimez, entr'autres textes, clairs, nets, précis, insusceptibles d'aucun doute et d'aucune incertitude, supprimez les art. 37 et 49 de l'ordonnance de 1842.

Voulez-vous dire que, pour l'Israélite, ce statut ne sera pas aussi *entier*, aussi intact, aussi absolu que pour le Musulman? que, par exemple, l'Israélite, lui, est depuis longtemps pour toutes contestations, même les contestations purement civiles, soumis à la juridiction française, tandis que le Musulman, aujourd'hui encore, mais bien moins qu'autre fois, ne connait que ses propres tribunaux?

Eh! prétendons-nous autre chose? Mais en bonne logique, —de ce que, sous le rapport de la juridiction, rapport tout extrinsèque et qui ne touche pas au fond même du statut, le statut personnel de l'Israélite a été, si je puis ainsi parler, *entamé*, suit-il qu'envisagé dans son essence intime et intrinsèque, ce statut ait cessé d'exister? Assurément, et nous en félicitons l'Algérie en même temps que la France, le statut personnel israélite a reçu de nombreuses atteintes ; mais de nos jours et quant au mariage, il est encore debout, sur l'article 37, et un texte contraire, texte formel, comme tout texte qui abroge une règle ou supprime un principe, pourrait seul le renverser.

Nouvelle objection.— On nous concède le statut personnel des Israélites, tel que nous venons de le décrire; mais on nous le refuse pour l'hypothèse, qui est la nôtre, d'un mariage israélite à la française. L'article 49 que vous invoquez, nous dit-on, exige l'avis préalable des Rabbins en cas de mariage ou répudiation entre Israélites; mais il ne s'applique qu'à des mariages contractés entr'eux, sous l'empire de la loi mosaïque.

Mais d'abord, répondrai-je aux partisans de l'opinion adverse, de quel droit distinguez-vous là où la loi ne distingue pas? Je leur demanderai ensuite si, plus qu'à un étranger, il est permis à un Israélite que nous pouvons, nous aussi, appeler un Français — non encore achevé, si l'on veut, et qui, à coup sûr, n'est pas encore un Français *consommé*, et dès-lors, peut, à certains égards, être considéré comme étranger,—je leur demanderai s'il lui est facultatif de subordonner, de son autorité privée, au mode de célébration de son mariage, la nature, la nationalité de son statut personnel,—si, en d'autres termes, il peut, à son gré, abandonner son statut d'israélite pour se donner le statut d'un Français.

On ne se tient pas pour battu. — Que ne nous parlez-vous toujours de renonciation au statut personnel? Oui ou non! la préférence accordée par l'Israélite algérien au mariage français sur le mariage rabbinique, signifie-t-elle quelque chose? A-t-elle quelque portée? Si oui, avouez enfin que sa signification, sa portée naturelle — c'est que l'Israélite, quant au mariage du moins, ne déserte sa loi personnelle ou mosaïque que pour embrasser la loi française! Or, de grâce, soyons de bonne foi! N'y aurait-il pas pour nous, peuple français, peuple éminemment initiateur, peuple civilisateur par excellence, *populum latè regem* du progrès et de l'avenir, une espèce d'extravagance, de déraison, de folie, à priver du bénéfice du mariage français, l'Israélite qui le sollicite, qui fait même, en l'absence de tout droit législativement consacré sur ce point, tout ce qui est en lui pour participer au bienfait de la cité ou de la civilisation française, et qui ne craint pas, dans ce but, de déclarer qu'il renonce à sa propre loi, dont il reconnaît l'infériorité en face de la nôtre? Il est, en droit, des choses qui, pour être permises, n'ont pas besoin d'un texte de loi. Elles le sont, par cela seul que la loi ne les prohibe pas, et de ce nombre est le mariage contracté par l'Israélite devant l'officier de l'état civil français. Comment la loi française y mettrait-elle obstacle, elle qui ne désire rien tant que d'attirer tous ses sujets, sans exception, sur son sein maternel, et de les appeler ses enfants ?

— Oui, vous avez raison, la sincérité, la sincérité avant tout!

De toutes les objections qu'on nous oppose, voilà certainement la plus spécieuse et la plus puissante. Eh bien! ne craignons pas de la renforcer, si c'est possible !

On pourra donc ajouter que, conséquente avec ses intérêts et sa mission de peuple civilisateur, la France, pas plus en Algérie que dans ses possessions de Pondichéry, n'a ni pu ni voulu, à l'aide de l'art. 37, § 3 de l'ordonnance de 1842 ou de l'art. 3 de l'arrêté du 6 janvier 1819, élever une l ar- rière infranchissable entre elle et les Indigènes algériens ou les Indigènes indiens ; que ces derniers, tout comme les pre- miers, doivent, aux termes de cet article 3, être jugés, eux aussi, suivant les lois et coutumes de leurs castes, et que cependant la Cour suprême a jugé (1) que, dictée par un sage esprit de tolérance, cette disposition est purement facultative et n'interdit point aux sujets indiens le droit de se soumettre librement et volontairement à l'empire des lois françaises, et d'en recueillir les avantages en en observant les comman- dements. Pourquoi n'en serait-il pas de même en Algérie ? Et pourquoi, frappés de la sagesse de notre droit, les Mu- sulmans ou Israélites algériens qui voudraient profiter de ses bienfaits, ne pourraient-ils pas voir toute barrière s'abais- ser devant eux, et placer leurs biens et leurs contrats sous l'égide de notre loi ?

Voilà l'objection, voici notre réponse :

En tout et pour tout, nos adversaires voudraient pour le Français et le Juif algérien, unité de droit et de législation; et que là où elle n'existe pas, elle dépendît, dans une cer- taine mesure, de la volonté de l'homme. — Et nous aussi, nous voudrions pour notre Algérie, cette unité juridique et

(1) Arrêt du 16 juin 1852.

législative ? — Mais cette double unité n'existe pas encore.
Au législateur seul de la créer. Sans doute, il paraît bizarre
et étrange que l'Israélite ne puisse pas renoncer à un
droit imparfait pour un droit plus parfait, pour un droit
meilleur. — Mais, en ce qui concerne les Israélites métro-
politains, cette bizarrerie, cette étrangeté, la France l'a
connue, la France l'a subie jusqu'au décret impérial de
1807. Et d'ailleurs, qu'y a-t-il de si étrange et de si bizarre
à ce que, dans le sein du même pays, des chrétiens, des
musulmans, des israélites, soient régis par les lois chré-
tiennes, musulmanes, israélites ?

Désirons, recherchons l'unité, je le veux bien ! mais sa-
chons accepter une variété provisoirement nécessaire. L'unité
est le fruit d'un long et fréquent contact des peuples entre
eux et de leurs respectives législations. Comme toutes choses
humaines, elle a son jour et son heure et malheur à qui
oserait la devancer ! « C'est la folie des conquérants, dit
Montesquieu, de vouloir donner à tous les peuples (conquis)
leurs lois et leurs coutumes ». Les Romains et les Francs
surent l'éviter; soyons aussi sages que les Romains et que les
Francs.

Quant à l'argument tiré de l'arrêt de la Cour de cassation,
il me touche peu, et cela pour deux raisons : — En droit,
rien ne me prouve que l'art. 3 de l'arrêté de 1819 fût, en
effet, purement facultatif. C'est là, pour moi, une affirmation
sans preuve, et peut-être pourrais-je ajouter, la question par
la question ; — car où la Cour de Pondichéry avait dit non,
la Cour de cassation a dit oui, et franchement, il me semble
qu'à tout-prendre, l'interprétation, sur place, de l'une, vaut
bien l'interprétation, à distance, de l'autre. — En fait, il ne
s'agissait pas de savoir si deux Indiens avaient ou non la
faculté de se soumettre aux règles et conditions du mariage
français; mais, ce qui est bien différent, si un Indien ayant
vécu dans des relations intimes avec une affranchie non
indienne, régie par un statut personnel français, et dont il
avait eu *neuf* enfants qu'il avait déclaré, dans son acte de

mariage devant l'officier de l'état civil français, reconnaître et légitimer suivant la loi française, — si cet Indien, dis-je, se mariant devant l'officier de l'état civil français, avait pu renoncer à sa loi personnelle. — Cette hypothèse, vous le voyez, Messieurs, diffère de la nôtre, et c'est bien ici le cas de dire, avec le jurisconsulte romain : *modica facti differentia magnam inducit juris varietatem.* — Qui nous assure que, dans notre hypothèse, la Cour de cassation aurait rendu le même arrêt?

Appelé à juger la cause des enfants de Ramastrapoullé, peut-être l'aurions-nous jugée comme elle, entraîné que nous eussions été, par la force du fait, à faire fléchir la rigueur du droit, et à reconnaître que leur cause était infiniment favorable, et que d'ailleurs leur père s'était *librement* et *volontairement* soumis à l'empire des lois françaises.

Je réponds enfin qu'en Algérie, cette *libre* et *volontaire* soumission aux lois de la France, ne doit pas seulement résulter, comme dans nos établissements indiens, de présomptions plus ou moins graves mais comme nous l'avons déjà dit, être *certaine*, et qui plus est, émaner d'une convention ou d'une déclaration constatée par un acte. C'est ce que veut le § 2 de notre article 37; c'est ce qu'exige le second alinéa de l'article 1er du décret du 31 décembre 1859, sur la justice musulmane.

La première de ces dispositions régit textuellement le Musulman et l'Israélite; la seconde, pour ne s'appliquer littéralement qu'au Musulman, ne gouverne pas moins, par analogie, les Israélites entre eux.

Mais que suit-il de ces dispositions? Le législateur nous l'explique : — que la loi du pays régit toutes les conventions et toutes les contestations civiles et commerciales entre *Indigènes*, et qu'en même temps ils sont libres de contracter sous l'empire de la loi française. — Mais à quelles conditions? A condition d'exprimer, de déclarer leur volonté à cet égard, c'est-à-dire dans le contrat. — « Ce n'est là, sans doute, qu'une faculté : ils conservent leurs lois, leurs coutumes ; mais, tout en conservant leurs croyances religieuses, ils peuvent venir placer leurs *biens* et leurs *contrats* sous l'égide de notre loi »

C'est à dessein que je reproduis ce passage du rapport annexé au décret. — Aux termes de ce décret et de ce rapport, si l'Indigène musulman, et il en est de même de l'Indigène israélite, contracte avec un corréligionnaire, la faculté de renoncer à sa propre loi est subordonnée à une déclaration expresse, formelle, écrite. Sans cela, pas de renonciation valable à sa loi, et c'est cette loi qui le régit.

De là, tout au moins, cette conséquence que cette renonciation, ainsi que nous vous le disions tout-à-l'heure, doit être absolument indubitable, absolument certaine.

Mais ce n'est pas tout ! Je viens de raisonner dans l'hypothèse d'une renonciation *contractuelle* à toutes dispositions du droit civil et commercial, sans exception. Or, cette hypothèse purement gratuite, n'est pas possible en présence des principes du droit, d'une part, et de l'autre, du texte et de l'esprit du décret de 1859, qui, à l'endroit des *questions d'état*, établi une exception à la validité de cette renonciation, — qu'elle porte sur la loi elle-même ou sur la juridiction qui doit être saisie de leur appréciation. Dans ce cas, nulle renonciation ne vaut. — Il s'agit de questions d'état, de *personnes*, et non pas simplement de *biens* et de *contrats* — Musulmans, vous serez jugés par le Code, d'après la loi musulmane. Israélites, à la vérité, les tribunaux français, jugeront entre vous, mais ce sera suivant la loi de Moïse, et après consultation préalable de vos Rabbins.

Ici on nous arrête : — Nous vous accordons cela, nous dit-on, mais en tant que vous nous parlez d'un mariage célébré *more judaico*. — S'il s'agit d'un mariage *more gallico*, que nous font et votre avis de rabbin et votre loi mosaïque ?

— On oublie qu'il ne s'agit pas d'une question de *forme d'acte* de mariage, d'une de ces questions que le droit, de concert avec les nécessités sociales, résout, en vertu de la règle *locus regit actum*, — et que celle que nous examinons, est une question de *fond*, qui touche à l'essence du mariage lui-même.

Vous dites : — Le mariage dont vous vous occupez est un mariage français ! — Quant à la forme, oui assurément, mais quant au *fond*, aux conditions requises pour sa célébration, aux obligations actives et passives qu'il crée, aux droits et devoirs des époux, à sa validité intrinsèque, je le nie, tant que vous ne me démontrerez pas que le mariage à la française est, pour chacun des époux, un moyen de renoncer à sa nationalité, à sa loi personnelle, un mode d'acquisition de la qualité de français ou de citoyen français, une sorte de naturalisation.

Du reste, supprimez, si vous le voulez, l'avis du rabbin dans notre hypothèse ! Je n'y tiens pas. — Ce n'est pas lui qui crée la nationalité, le statut personnel, l'état *sui generis* de l'Israélite algérien. — Tout cela, au contraire, le suppose créé, reconnu, proclamé, si bien que notre Israélite, qui n'est ni Français ni étranger, n'en sera pas moins dans la position de cet étranger de Merlin, qui soumit à la juridiction française, une action en désaveu, laquelle devait être et fut jugée non d'après sa loi, mais d'après la loi étrangère !

Que s'il s'agit d'un mariage entre étrangers, querellé de nullité en France, d'après quelle loi-la querelle sera-t-elle vidée ? Évidemment par la loi étrangère !

Ainsi en sera-t-il, ainsi en est-il du mariage entre Israélites. La loi israélite lui est seule applicable. Et vainement se récrierait-on contre l'immoralité, aux yeux de la loi française, des conséquences du mariage israélite, telles que la polygamie, le divorce, etc., etc.

Mais d'abord, ces conséquences, la loi algérienne les a-t-elle admises et pour l'Israélite et pour le Musulman ? Si oui, et comment répondrait-on négativement ? faites donc le procès à la loi ! *Dura lex, sed lex !*

Et puis, pour qui ne se place pas sur le terrain de l'Évangile, ce sont là autant de choses dont la légitimité ou l'illégitimité *naturelle* peut être contestée. Il serait difficile, peut-être même impossible, de prouver qu'elles sont opposées au droit naturel, et c'est assez pour qu'elles puissent être tolérées, subies par le droit civil d'un peuple chrétien.

Autre serait notre réponse, s'il était question de ces choses repoussées par le droit naturel ou de gens *primaire*, qui constituent, en tous temps et en tous lieux, le droit divin de l'Humanité. Pour ces choses, je comprendrais que le législateur français eût fait en Algérie ce qu'il a fait pour le droit pénal en général. — En les prohibant, il eût, pour emprunter le langage de l'auteur de *l'Esprit des lois*, stipulé pour le genre humain, et nul ne contesterait la sainteté d'une pareille stipulation.

Il est temps de faire une courte halte, et, avant de reprendre notre marche, de jeter un regard en arrière.

Je ne sais, Messieurs, mais autant que me l'a permis le cadre étroit d'une leçon ou d'un exposé rapide et succinct de principes, je crois n'avoir rien omis d'essentiel à la solution de notre problème.

Si je ne me trompe, nous avons successivement et solidement établi :

Que toute renonciation à un droit, et principalement au statut personnel, doit être expresse, formelle, certaine ;

Que le seul fait de la célébration du mariage de l'Israélite devant l'officier de l'état civil français, n'implique, ni expressément, ni virtuellement, une pareille renonciation ;

Que la législation algérienne ne déroge nulle part à ces règles, et qu'au contraire, plusieurs de ses textes les reconnaissent et les confirment ;

Que la thèse adverse repose sur cette double erreur de droit et de fait : que l'Israélite algérien est Français ou citoyen français, — ou que la célébration de son mariage à la française le rend tel ;

Enfin, que les principales objections dirigées contre ces règles s'évanouissent devant cette double vérité de droit et de fait : l'Israélite a un statut personnel et, à supposer qu'il pût y renoncer, rien ne prouve qu'en se mariant devant le magistrat français, il y renonce.

Il nous eût été facile de démontrer plus longuement quelques-unes de ces propositions et peut-être eussions-nous dû insister d'avantage sur le statut personnel.

C'est ainsi que, les travaux de la Commission d'Afrique en main, j'aurais pu vous prouver, jusqu'à la dernière évidence, que la Capitulation de 1830, répétée et confirmée sept ans plus tard par celle de Constantine, embrasse *toutes les classes* des habitants de l'ancienne régence d'Alger.

C'est ainsi encore que par la nature des choses, par l'histoire du droit en général, et par celle du Droit algérien en particulier, il ne tenait qu'à moi de vous convaincre que, conformément à l'opinion de Merlin, et contrairement à celle de plusieurs de nos auteurs contemporains, la conquête ne rend pas Français *ipso facto*, le peuple conquis, surtout quand ce peuple, barbare ou demi-barbare, a, bien autrement que des peuples civilisés, tels que les Belges ou les Liégeois (1), besoin de *devenir* Français de naître à une vie nouvelle, et n'a pas encore acquis le droit de réclamer au peuple conquérant l'acquittement de cette dette immense de civilisation et de naturalisation que crée toute conquête en faveur du peuple conquis (2).

C'est ainsi enfin que, ne soupçonnant même pas qu'on pût se permettre le moindre doute sur l'existence d'un statut personnel spécial aux Israélites d'Algérie, je vous ai, dès le début de cette leçon, entraîné avec moi au centre d'une discussion qui en présupposait l'existence.

Mais à quoi bon ces développements? A la rigueur, nous n'en avions pas besoin. Et en effet, ni la Capitulation, entendue dans son sens le plus général, — ni l'état d'Indigènes non Français, ou Français à peine ébauchés, état qu'il est impossible de contester à l'Israélite algérien et qui ne reçoit aucune atteinte d'une situation mixte et provisoire, résul-

----

(1) Rapport de Merlin sur le décret du 11 vendémiaire an IV, de réunion de la Belgique à la France.

(2) *Esprit des lois.*

tant pour lui de la concession de certains droits civils ou administratifs, ordinaire apanage du Français ou du citoyen français, — ni cette capitulation, disons-nous, ni cet état ne pouvaient jeter dans la balance un poids égal à celui des textes et d'une jurisprudence supérieure et locale. Et alors même que le bénéfice de cette capitulation ne s'étendrait pas aux Israélites, alors même que, par le fait de la conquête, les Israélites seraient devenus Français, en faudrait-il d'avantage pour démontrer que, semblables à leurs coréligionnaires de France avant la Révolution française — ou d'une partie de l'Allemagne, de la Russie et de la Suisse à l'heure qu'il est, — ils sont sous le rapport de l'état civil, et partant du mariage, dans une situation spéciale d'autonomie légale qui n'est pas celle de l'Étranger, c'est vrai, mais qui certainement n'est pas non plus celle du Français, et moins encore du citoyen français? Or, cela posé, et nos plus ardents contradicteurs sont forcés de l'admettre, qu'avions-nous à faire du statut personnel proprement dit ? — Pourquoi donc tant s'attacher au mot, quand on possède la chose ?

Mais c'est assez de halte, Messieurs ! Nous pouvons maintenant marcher d'un pas plus ferme et plus assuré vers le but de cet entretien.

Nous avons, pour ainsi dire, enlevé la *Kasbah* de l'ennemi. Il ne nous reste plus, pour compléter notre victoire, qu'à attaquer ses forts et ses postes détachés.

J'entends par là certains arguments qui, quoique moins spécieux que ceux que nous avons réfutés jusqu'ici, ne seraient pourtant pas sans influence sur des esprits plus habitués à saisir les détails que les généralités d'une question controversée.

A ces esprits, il faut autre chose que des déductions fondées sur un ensemble de textes ou de documents législatifs. Ce qu'il leur faut, sous peine de leur voir fermer les yeux au soleil de l'évidence, c'est une argumentation détaillée et méticuleuse.

Argumentons donc à leur façon, puisque c'est nécessaire.

Que disent-ils? Incontestablement l'article 37 de l'ordonnance de 1842 reconnaît aux Israélites algériens en matière d'état, un droit distinct du droit français, un droit religieux, la loi de Moïse. — ce que vous appelez, non sans raison, un statut personnel. — Mais c'est à tort que vous soutenez que cet article n'a pas été abrogé. Il l'a été par l'ordonnance du 25 mai 1844, qui prescrit de célébrer tout mariage entre Israélites devant l'officier de l'état civil français, avant d'aller devant le Rabbin.

Je sais cela! Mais ce que je sais en outre, c'est que cette ordonnance n'a jamais été exécutoire en Algérie, puisqu'elle n'y a jamais été promulguée, et qu'il est de principe, qu'en thèse générale, nulle ordonnance, nulle loi n'y est exécutoire qu'après promulgation préalable; c'est encore que d'après ce que je vous ai dit sur la nature du statut personnel et le caractère de l'acte de mariage, cette ordonnance, eut-elle été promulguée, n'impliquerait, de la part de l'Israélite, ni abdication du statut personnel, ni soumission à la loi française.

On ne m'opposerait pas, avec plus de bonheur, l'ordonnance de 9 décembre 1845 qui, parmi les fonctions des rabbins algériens, place la célébration du mariage religieux. — Exige t-elle que la célébration du mariage civil soit exclusivement confiée à l'officier de l'état civil français? — Elle ne prescrit rien de semblable. Et ce n'est que par un argument à *contrario*, argument dangereux, s'il en fut, et peu concluant, qu'on arriverait à une innovation aussi importante au regard de la loi et de la civilisation française! Ce n'est pas ainsi qu'on innove. Et d'ailleurs, telle eût été la volonté du législateur, que vous seriez encore mal venus à en induire la suppression du statut personnel des Israélites. Autre chose est se marier en la forme française, autre chose renoncer à une loi qui régit la capacité des époux et les conséquences civiles de leur union. En troisième lieu, et surabondamment, cette ordonnance s'occupe de culte et non de droit civil! Elle est dès lors étrangère à notre question.

On tente encore d'argumenter, d'un décret du 5 septembre 1851. — Ce décret dispense les Israélites d'Algérie du timbre des actes de notoriété à produire devant l'officier de l'état civil pour cause de mariage. Et là dessus nos adversaires de triompher. « Vous le voyez, s'écrient-ils, voilà bien la preuve que les Israélites doivent se marier devant l'officier français, et comme les français ? » — Encore un coup, cela fut-il, notre thèse n'en serait pas même ébranlée. Mais cela n'est pas. — Le décret statue sur le cas du mariage français de l'Israélite ; mais il ne lui en impose pas l'obligation. L'Israélite *peut*, mais il ne *doit* pas contracter mariage devant l'Officier de l'état civil français, et cela est si vrai que tous les jours, partout, et surtout dans les campagnes, des Israélites ne se marient que devant le Rabbin, et que jamais, à notre connaissance du moins, tribunal français ne douta de la validité de pareils mariages.

Ce serait ici le lieu de vous citer les documents d'administration et de jurisprudence qui viendraient appuyer ou confirmer notre thèse. — Mais je ne dois pas oublier que je vous fais une leçon, et non une dissertation ou une plaidoirie.

Avant de terminer, permettez au jurisconsulte de franchir un instant cette enceinte pour s'élever jusqu'à la sphère du publiciste et du législateur. On reproche à notre doctrine d'être anti-progressiste, et de maintenir envers et contre tous, un *statu quo* contraire aux vrais intérêts de l'Algérie et de la France. Ne vous laissez pas surprendre à ce sophisme! Comment ? parce que nous constatons un fait, un fait regrettable, je l'avoue, mais enfin un fait juridique et constant, parce qu'en d'autres termes, nous sommes les amis de la vérité, nous serions les ennemis du progrès ! Signaler un mal, est-ce donc en repousser le remède ?

Nous avons dit ce qui *est*. Nous avons résolu notre question par le *Droit algérien*. Mais nous ne nions pas pour cela ce qui *doit être*, ce que veut le besoin de l'unité législative en Algérie, ce qu'au nom de la clarté de la *Législation al-*

gérienne, — de la fixité de notre jurisprudence — et de l'assimilation légale de l'Israélite algérien avec le Français et le citoyen français, nous avons souvent demandé.

Et, en effet, cet entretien n'est-il pas une démonstration, pour un cas particulier, de la nécessité de mettre, dans tous les cas, un terme aux incertitudes de cette législation, — et d'en combler les lacunes par des textes complets?

Ne nous le dissimulons pas, Messieurs! Si formelle qu'elle nous paraisse à l'endroit de notre question, cette législation est cependant douteuse pour de bons et éminents esprits. — Ce que nous en dit le tribunal d'Oran est contredit par le tribunal de Constantine, et ce que notre Cour souveraine en affirme, la Cour suprême n'hésite pas à le nier. — Singulière situation que celle de l'Israélite algérien! — Sa loi est incertaine, son droit mal défini, et Bacon qui réclamait si justement la certitude pour la loi, la précision pour le droit, la clarté pour l'une et pour l'autre, Bacon, en présence des variations de notre jurisprudence, pourrait, avec non moins de raison, comparer sa législation à un navire sans ancre (1).

Il est temps que cela finisse! A la différence de l'Arabe qui touche à peine à cette phase de *civilisation* qui est le précurseur-né de l'assimilation législative, l'Israélite, déjà *judiciairement* assimilé au Français, n'a plus qu'un pas à faire pour l'être *légalement*.

Or, cette assimilation judiciaire et légale, qu'est-elle autre chose que l'adoption civile et civique (*in universum jus*) du conquis par le conquérant? — Assurément, et en dépit de la logique judiciaire poussée à un excès condamné par la raison et par l'intérêt de la France, l'Israélite qui « déclarerait formellement accepter toutes les conséquences du mariage français », devrait les subir tout entières. — Et encore se trouverait-il peut-être des tribunaux qui préféreraient aux tempéraments de l'équité, les sévérités du droit rigoureux! Que la France apprenne donc à l'Israélite algérien que désor-

(1) *Judicia legum anchoræ.*

mais son mariage suivant les formes de la loi française, sera
pour lui, homme, ce qu'est pour la femme étrangère son
mariage avec un Français : — un mode tacite, *ipso jure*,
de naturalisation, et que, pour qu'il en soit ainsi, il n'aura
qu'à ne pas faire une déclaration contraire.

Mais ce ne serait pas assez. Si, comme nous le croyons,
l'Israélite est déjà mûr pour la civilisation, il y a, selon nous,
quelque chose de mieux et de plus à faire ; — c'est, pour
lever tout scrupule religieux et prévenir toute confusion entre l'essence et l'accessoire de la religion, la rigidité de la
loi et la flexibilité des coûtumes, l'immutabilité du dogme et
les variations de rites, — c'est qu'en 1862 un décret de
Napoléon III ordonne pour les Juifs d'Algérie ce que prescrivait, en 1807, pour les Juifs de France, un décret de
Napoléon 1er : — une réunion de Notables, d'Anciens d'Israël,
un Sanhédrin chargé de répondre solennellement, *obligatoi-
rement*, à toutes les questions d'assimiliation légale, tant civile que politique, de l'Israélite algérien avec le Français, et
de déclarer si ou non il peut et doit en conscience se soumettre
aux lois, à toutes les lois de la France.

Que ce décret soit rendu! Qu'il soit immédiatement ou
graduellement exécutoire, et des frontières du Maroc à celles
de Tunis, les Israélites se lèveront comme un seul homme
pour accepter cette réponse et cette déclaration, et à l'exemple de l'un deux, (1) interrogé en 1833 par les promoteurs (2)
de l'ordonnance de 1834, sur l'organisation de la justice algérienne, ils s'écrieront d'une voix unanime! « A l'avenir,
la loi de la France sera notre loi. — *Jusqu'ici*, il est vrai,
c'est la loi de Moïse qui a régi nos personnes, nos mariages, nos biens, nos successions. Mais rien n'empêche que
nous acceptions aujourd'hui avec reconnaissance les bienfaits
de la loi française. — Nous savons *maintenant* qu'elle n'est
pas contraire aux prescriptions essentielles de notre loi religieuse — et cela nous suffit. »

(1) Jacob Moatt.
(2) Les membres de la Commission d'Afrique.

NOTES ET ERRATA.

PAGE 5.

Vient d'être résolue affirmativement. — Voyez, pour la négative, plusieurs arrêts fortement motivés de la Cour d'Alger, et plusieurs jugements du tribunal de Constantine — et, pour l'affirmative, plusieurs jugements du tribunal d'Oran. La jurisprudence du tribunal d'Alger a varié. V. dans le sens contraire à notre opinion, deux décisions de ce tribunal, très remarquablement rédigées, l'une du 29 juin 1861, et l'autre du mois de juin dernier. — V. pour la *démonstration* développée des principes *exposés* dans cette Leçon, notre *question juive*, pages 29 à 42.

PAGE 7.

Les plus notables personnes de la nation juive. — Nous devons avouer qu'ici même, à Sétif, le contraire nous a été affirmé par un israélite algérien, mais qui a le langage, les mœurs, les habitudes de la France. — C'est une exception qui confirme la règle.

PAGE 18.

La loi seule pourrait y toucher. — *Cùm aliquid addimus vel detrahimus juri communi (naturali) jus proprium est, id est, civile efficimus.* Dig. tit. 1. §. 6. Alors le droit naturel ou des gens est *réglé* par le droit civil. (SIMÉON).

PAGE 19.

Il y a en effet, dans le statut personnel de l'Israélite algérien des tolérances, etc., contraires à nos idées. — Sous ce rapport, le *statut* ou plutôt *la loi particulière* de l'Israélite d'Algérie lui confère, dans certains cas, plus de droits que n'en confère le *statut personnel* de l'étranger. V. Zachariæ, § 169. Rép. *J. du P.* v. *Mariage*, n° 565.

MÊME PAGE.

Mais peut-on ignorer que ce sont là autant de dérogations? — « Rome n'imposait aucunes lois générales (aux peuples conquis) et ces

peuples ne faisaient un corps que par une obéissance commune. »
Montesquieu, *Grand. et Décad. des Romains.* Chap. vii — D'après
Salluste, *religiosissumi majores…. neque victis quidquam præter injuriæ
licentiam, eripiebant.* De bello Catilin. Cap. XII.

MÊME PAGE.

Le semblable d'abord, puis l'égal. — Ce n'est que dans un sens mé-
taphorique et politiquement plutôt que civilement parlant, que Montesquieu (*op. citat*) a dit de l'Empire romain : « C'était une circulation
d'hommes de tout l'univers. Rome les recevait *esclaves* et les ren-
voyait *romains.* »

PAGE 23.

Cet Israélite d'Alger. — Mardochée Tingé, contre qui a été rendu le
jugement précité du tribunal d'Alger du 29 juin 1861.

PAGE 25.

Le mariage .. sera soumis à des conditions… — Si non, il sera nul,
ex defectu formæ constituentis et habilitatis. (SIREY.)

PAGE 28.

Français commencés. — Merlin, Rép. v° *Légitimité.* Delvincourt
parle d'étrangers *proprements dits* et d'individus *tout à fait étrangers.*
— Marcadé enseigne qu'un individu, en France, est *totalement français,*
ou ne l'est *nullement.*

PAGE 32.

L'unité est le fruit d'un long contact des peuples. — Montaigne parle
de peuples « qui ont besoin d'être *embesognés* d'une autre *semence.* »

MÊME PAGE.

Soyons aussi sages que les Romains et les Francs. — Omnes populi
ibidem commanentes, tam Franci, Romani, Bergundiones, secundum
legem et consuetudinem eorum regas. Marculf. Form. 1. — On pourrait
ajouter : et les Musulmans. V. Koran, chap. V. vers. 46, 48, 49, 51,
52, 54, 55. — Aujourd'hui encore, au Maroc et en Tunisie, comme
dans la Régence d'Alger avant la Conquête, les Israélites entr'eux
sont régis et jugés selon *leur Loi.*

PAGE 35.

De cet étranger de Merlin. — Répert. v° Loi.

PAGE 37.

Besoin de devenir français. — « Qu'une ère nouvelle commence pour les peuples de ces contrées, — qu'ils *deviennent* français! » Proclamation du général d'Erlon, gouverneur de l'Algérie. — 26 septembre 1831.

PAGE 38.

Concession de certains droits. — V. arrêt de la Cour de cassation, 20 mai 1862. Le motif suivant de cet arrêt s'applique aussi bien aux étrangers proprement dits qu'aux Israélites : « Attendu que si un certain nombre de droits civils, réservés aux seuls citoyens français par le droit commun de la France, ont été, en considération de la situation particulière de l'Algérie, étendus aux étrangers y résidant, il n'est pas possible de conclure de ces concessions partielles, dont chacune se renferme dans son objet spécial, que les étrangers résidant en Algérie y jouissent de ceux des droits civils que ces concessions ne comprennent pas. »

PAGE 39.

L'ordonnance du 25 mai 1844. — L'arrêté du 1er prairial an X, prescrivait la même chose. Mais cet arrêté était la conséquence des lois antérieures de l'Assemblée nationale, qui avaient accordé aux Juifs de France tous les droits civils et politiques des français.

PAGE 41.

Les principes du droit rigoureux. — Fœlix, *Droit international privé.* — D'après Marcadé, l'étranger, même dans le cas de l'art. 13, Code Napoléon, ne jouit pas des droits civils qui constituent la *capacité* de l'individu, tels que le droit de se marier à tel âge, et *autres semblables.* — Quant à ces droits, l'Étranger reste soumis aux lois personnelles de son pays — Sic Demolombe, *Traité du Mariage*, n° 234. L'étranger est régi quant à son état et à sa capacité, par la loi de son pays, alors même qu'il se serait *expressément* soumis à la loi française. Arg. de l'art 6, Code Napoléon. *Zachariæ* Trad. Vergé et Massé.

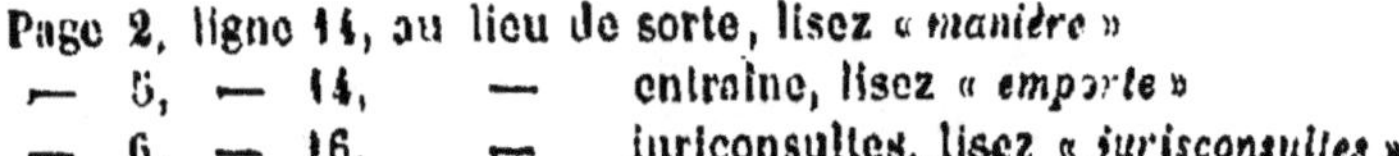

Page 2, ligne 14, au lieu de sorte, lisez « *manière* »
  — 5, — 14,   —   entraîne, lisez « *emporte* »
  — 6, — 16,   —   juriconsultes, lisez « *jurisconsultes* »

— 7,	—	1,	—	disons, lisez « *lisons* »
Ibid.	—	17,	—	corréligionnaires, lisez « *coréligion-naires* »
Ibid.	—	28,	—	désireux, lisez « *désireuse* »
— 8,	—	27,	—	de droit, lisez « *du droit* »
— 9,	—	22,	—	le droit. lisez « *le droit aussi* »
— 11,	—	30,	—	rejettent, lisez « *rejettent toutes* »
— 18,	—	24,	—	personalise, lisez « *personnalise* »
— 21,	—	36,	—	question d'État, lisez « *question d'état* »
— 25,	—	7,	—	porté, lisez « *transporté* »
Ibid,	—	12,	—	*maris*, lisez « simple maris »
— 28,	—	31,	—	personno, lisez « *personnes* »
— 31,	—	10,	—	sa mission, lisez « *fidèle à sa mission* »
— 33,	—	35,	—	c'est-à-dire. lisez « *et cela* »
— 34,	—	20,	—	établi, lisez « *établit* »
— 37,	—	3,	—	d'avantage, lisez « *davantage* »
— 38,	—	1,	—	concession, lisez « *jouissance* »